VENTE
du Lundi 3 Avril 1905
HOTEL DROUOT
Salle N° 11
A 3 heures.

COLLECTION DE M. P.....

Aquarelles
ET
Dessins

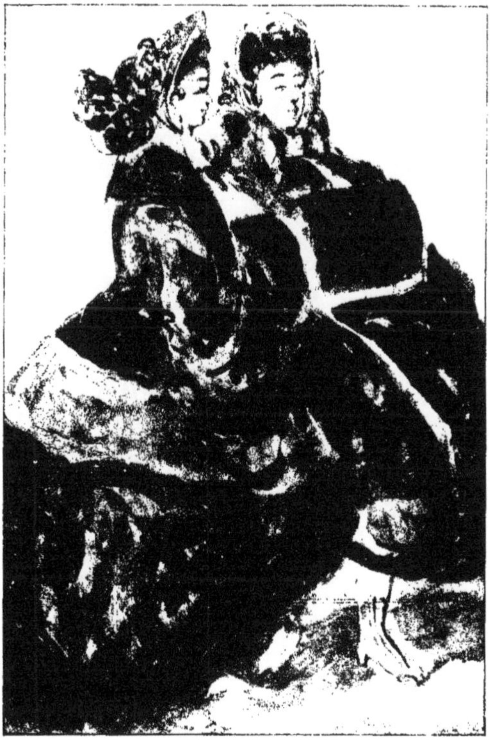

PAR

Constantin GUYS

Commissaire Priseur
Me P. CHEVALLIER
10, Rue de la Grange-Batelière

Expert
M. L. MOLINE
14 bis, Rue Saint-Georges

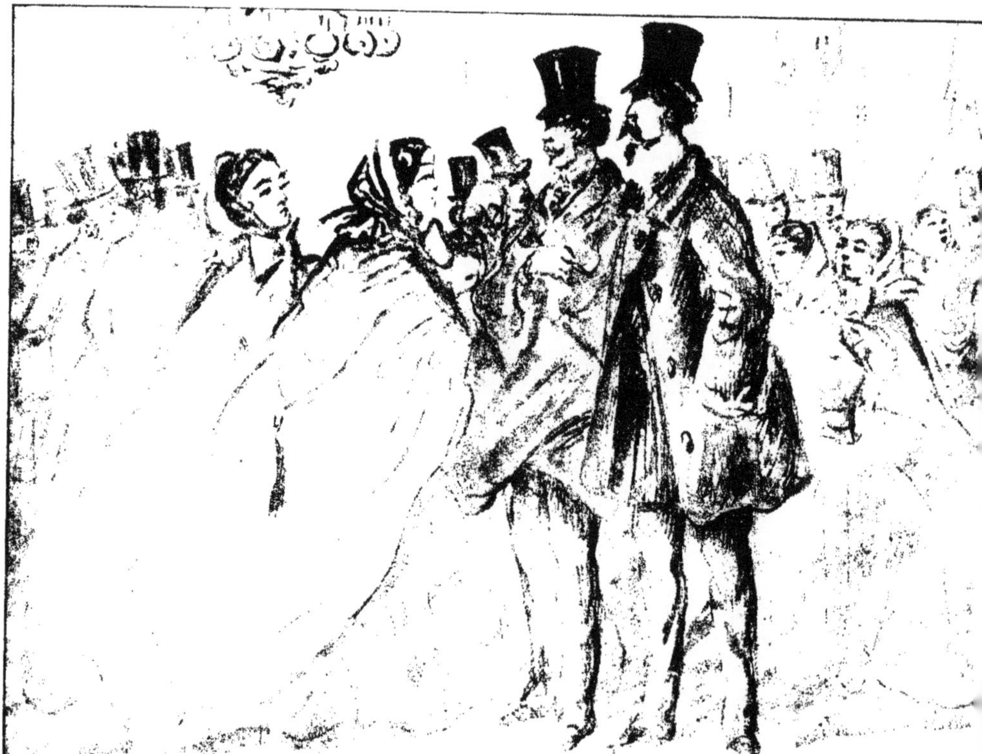

N° 33. — *Au seuil du bal*

CATALOGUE

DES

AQUARELLES ET DESSINS

PAR

Constantin GUYS

Dont la Vente aura lieu

HOTEL DROUOT, Salle N° 11

Le Lundi 3 Avril 1905, à 3 heures

EXPOSITIONS :

Particulière. — Galeries DURAND-RUEL, 16, rue Laffitte

Le Samedi 1er Avril 1905, de 10 heures à 6 heures

Publique. — HOTEL DROUOT, Salle N° 11

Le Dimanche 2 Avril 1905, de 2 heures à 6 heures

Conditions de la Vente

Elle sera faite au comptant.

Les acquéreurs paieront dix pour cent en sus des prix d'adjudication.

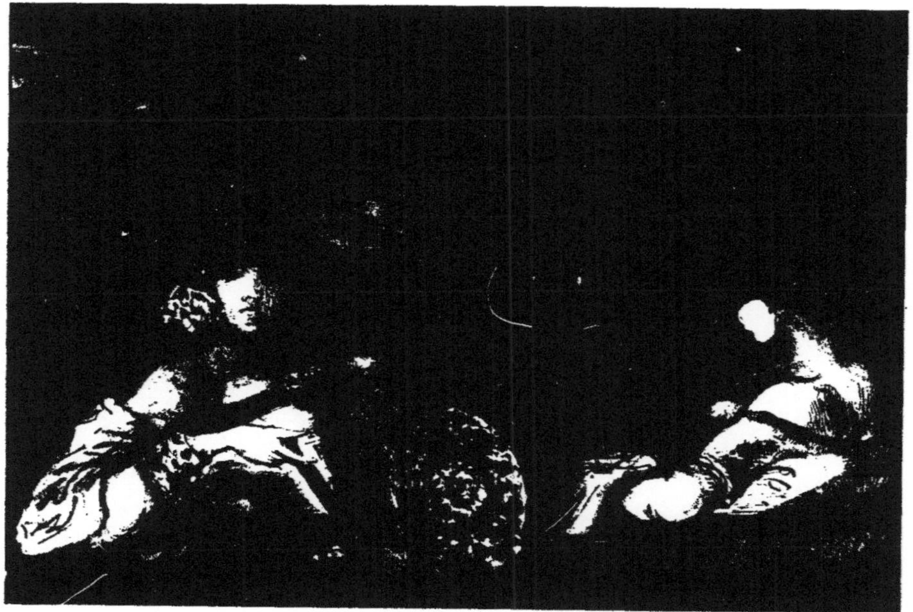

N° 4 La loge jaune.

Constantin GUYS

Au temps où Baudelaire écrivait sa pénétrante, sa décisive étude sur Constantin Guys, ces pages, désormais classiques, dont le seul souvenir fait trembler la plume aux doigts de quiconque se hasarde à tracer fût-ce dix lignes, sur le même sujet, combien de personnes, même dans les milieux les plus renseignés, même parmi les hommes de lettres, les artistes, gens curieux par devoir, par nécessité de métier, combien connaissaient le « Peintre de la Vie moderne » ?

Pourtant, Baudelaire, qui fut son véritable « inventeur », qui, épris de longue date de son talent, avait brûlé dix ans du désir de le rencontrer, avant d'avoir la fortune de le joindre, aurait pu reprendre, pour la lui appliquer, en la modifiant à peine, une phrase de l'épître dédicatoire des *Petits poèmes en prose*, où perce on ne sait quel orgueil naïf d'écrivain sûr de son goût, de son sens esthétique, et comme la vague prescience, peut être, de l'ascendant qu'exercera sur l'avenir, son génie : « Un *homme* connu de vous, de moi et de quelques-uns de nos amis n'a-t-il pas tous les droits à être appelé fameux ? »

Cet enthousiasme pour Constantin Guys, qui lui inspira un de ses plus parfaits chapitres, le poète dût faire de son mieux, sans doute, pour le faire partager à son entourage, à ses amis les plus intimes, s'ils n'avaient ressenti en même temps que lui, ou avant lui, le coup de foudre. Toujours est-il que Théophile Gautier, dans la préface des *Fleurs du Mal*, rappelant cette admiration, cette amitié de Baudelaire pour Guys, ne songe point, bien au contraire, à s'étonner d'un enthousiasme trop aisément explicable, à ses yeux épris de beauté, par les qualités qu'il reconnait au dessinateur qu'il juge ainsi :

« Nul mieux que lui n'accusait une attitude, un galbe, une *cassure*, pour nous « servir d'un mot vulgaire, qui rend exactement notre pensée, qu'il s'agit d'un dandy

« ou d'un *voyou*, d'une grande dame ou d'une fille du peuple. Il possédait à un « degré rare le sens des corruptions modernes, dans le haut comme dans le bas « de la société, et il cueillait lui aussi, sous forme de croquis, son bouquet de fleurs « du mal. Personne ne rendait comme Guys la maigreur élégante et l'éclat d'acajou « d'un cheval de course, et il savait aussi bien faire déborder la jupe d'une petite « dame sur le bord d'un panier traîné par des poneys qu'établir un cocher de bonne « maison, poudré et garni de fourrures, sur l'énorme siège d'un grand coupé à huit « ressorts et à panneaux armoriés partant pour le drawing room de la Reine avec « ses trois laquais suspendus aux embrasses de passementerie ».

Autour de ces deux guides infaillibles, toute une petite phalange d'esprits originaux, d'artistes personnels était groupée dans un commun sentiment d'estime pour Guys. C'est le sculpteur Préault, le brillant Paul de Saint-Victor; ce sont Célestin Nanteuil, Charles Asselineau, Champfleury; et les Goncourt, qui n'ont peut-être pas compris toute la puissance et toute l'acuité de son art, sont séduits par le charme, la verve, l'imprévu de l'homme lui-même. Ils en tracent dans leur *Journal* cette silhouette alerte et vivante, et pittoresque toujours, bien entendu.

« Un petit homme à la figure énergique, aux moustaches grises, à l'aspect d'un « grognard; marchant en boitillant, et sans cesse, d'un coup de plat de main se « relevant ses manches sur ses bras osseux, diffus, débordant de parenthèses, zigza- « guant d'idées en idées, déraillé, perdu, mais se retrouvant et reprenant votre « attention avec une métaphore de voyou, un mot de la langue des penseurs alle- « mands, un terme savant de la technique de l'art ou de l'industrie, et toujours « vous tenant sous le coup de sa parole peinte et comme visible aux yeux. Et ce « sont mille souvenirs qu'il évoque dans cette promenade, où il jette, de temps en « temps, des poignées d'ironie, des croquis, des paysages, des villes trouées de « boulets, saignantes, éventrées, des ambulances où les rats entament les blessés. »

Enfin, peut-être savez-vous quel cas faisait de Constantin Guys, Eugène Delacroix, — l'un des « Phares » de Baudelaire :

« Voulez-vous, disait-il à un ami très fidèle du dessinateur, voulez-vous choisir dans ce carton deux de mes dessins en échange de *celle qui a la tête déchirée?*

Et celle-là, c'était un croquis de Guys.

Malgré de si illustres patronages, l'heure de la consécration fut longue à sonner, pour le « Peintre de la Vie moderne ». C'est qu'il avait été l'historiographe, crayon et pinceau en main, d'une époque infortunée. Sa gloire naissante sombra, pour ainsi dire, dans la tourmente qui emporta le second Empire. On l'exalte, aujourd'hui, pour avoir été l'illustrateur incisif, le *vrai peintre* d'une époque que beaucoup sont en train de découvrir et qu'ignorèrent, au fond, les gens emportés dans son éblouissant tourbillon, les Winterhalter, portraitistes officiels, et tous les Messieurs Gérôme, enregistreurs patentés des fastes, indifférents à la vie de la rue, à la Vie avec une majuscule, pour tout dire. En fait, sa mémoire a souffert de l'impopularité qui s'attachait au régime durant lequel il avait accompli son œuvre, et dont cette œuvre reflétait avec une saisissante intensité les mœurs, les habitudes, les ridicules, les élégances, — au régime qu'elle résumait et cristallisait.

« Toi, disait à l'un de mes meilleurs amis un pince-sans-rire célèbre, tu auras toujours une tare irrémissible: tu es né sous le Tyran ». Guys avait, lui, travaillé sous le Tyran. Il fut un moment démodé, comme la crinoline, comme ces falbalas surannés, comme ces roses qui, dans tels de ses croquis, s'épanouissent au creux

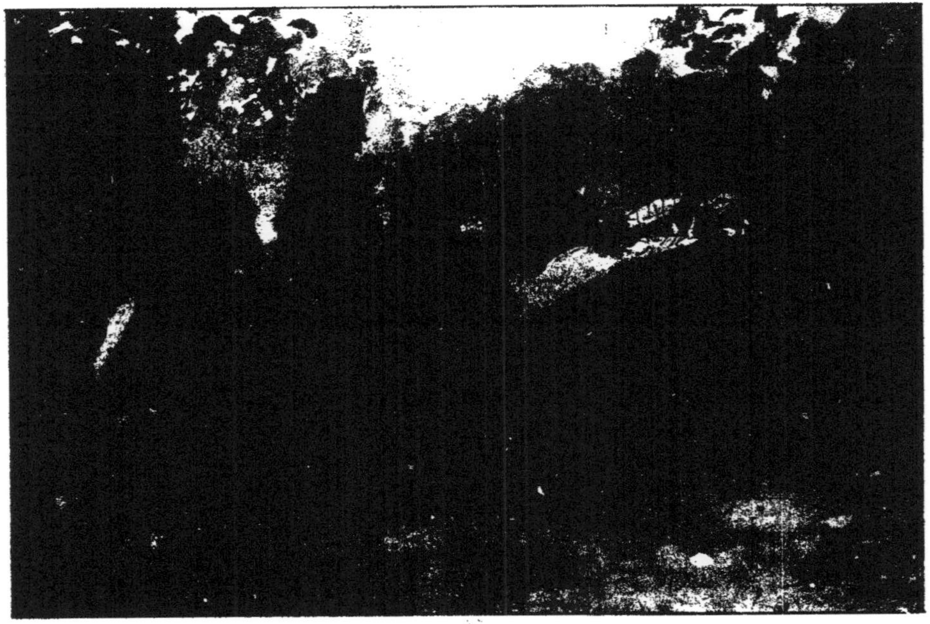

N° 2. Au Bois.

des seins d'une beauté de Mabille, et qu'avait effeuillées la tempête. Avec du recul, tout cela devient joli. L'heure de Guys va sonner.

Que dis-je ? N'a-t-elle point sonné déjà ?

Rappellerai-je ici, sans blesser trop sa modestie, que c'est chez M. L. Moline, l'expert même qui siège dans cette vente, qu'eut lieu la première exposition des œuvres de Constantin Guys ? C'était en 1895. Depuis, nous avons eu quatre ou cinq fois la joie de revoir, groupées, des séries choisies de ces croquis, de ces dessins, de ces aquarelles prestigieuses, où revit tout un monde brillant, frivole, parmi lequel il dut faire bon vivre, et devenu, plus tard la proie d'un effroyable désastre.

La dernière de ces fêtes qui nous fut donnée est toute récente encore en nos mémoires, d'autant que le beau livre de Gustave Geffroy sur Constantin Guys en perpétue en quelque sorte le souvenir.

Cette exposition de l'an dernier eut toutes les allures d'une apothéose.

Le Comité réunissait les noms de MM. Anatole France, Armand Dayot, Jules Claretie, Rodin, Eugène Carrière, Octave Mirbeau, Jules Chéret, J.-K. Huysmans, Georges Lecomte, Gustave Geffroy, Arsène Alexandre, Bracquemond, J.-L. Forain, d'autres encore, auprès de ceux de MM. Olivier Sainsère, Quentin-Bauchart, Pontremoli, Beurdeley, Ch. Ephrussi, le comte Robert de Montesquiou-Fezensac, le comte L. de Turenne : les amateurs confondus avec les artistes dans une commune pensée, pour rendre un pieux hommage au Maître, sous le patronage posthume de Charles Baudelaire, qui avait si admirablement magnifié le talent de Guys.

Pour cette exposition, les collectionneurs se dessaisissaient momentanément, avec joie, de leurs pièces les plus rares. Mme Albert Besnard, MM. Raoul Pugno, Ménard-Dorian, Adrien Mithouard, Henry Marcel, Georges Charpentier, Octave Uzanne, Fernand Maroni, Carlos de Castéra, les musées, même, Luxembourg et Carnavalet, envoyaient là des morceaux de choix, tout ce qui leur semblait capable de rehausser encore le prestige commençant à rayonner sur ce nom. Et encore, submergé sous l'avalanche des richesses, n'avait-on pas fouillé tout au fond de la mine, et avait-on négligé des galeries comme celles de M. Maurice Donnay, du marquis de Biron dont les Guys sont parmi les plus beaux qu'on connaisse, et quelques autres, aussi riches, d'où l'on fût revenu surchargés de trésors.

Quelques-unes des œuvres qui furent les plus remarquées à cette exposition de 1904, vous allez les retrouver dans cette vente. Vous allez y voir sous ses aspects les plus divers, les plus caractéristiques, le talent de cet artiste mystérieux, captivant, qui promena son existence errante et active des bords brumeux de la Tamise aux rives ensoleillées du Bosphore, de nos Champs-Elysées aux Propylées d'Athènes : vous allez le suivre tour à tour aux Tuileries et dans les bouges, à l'Opéra, où il crayonne devant la *loge de l'Impératrice*, et à la *Porta Capuana* de Naples, du bois de Boulogne, où flânent les dandys en peine, aux maisons closes du quartier de l'Ecole militaire, où baille un bétail qui s'ennuie. Voici des chevaux auxquels vous retrouverez la « maigreur élégante et l'éclat d'acajou » dont a parlé Théo, plus haut cité. Voici des visions orientales, où quelques taches colorées jettent des poignées de soleil ; voici des militaires, oubliant un moment leurs glorieux destins ; et voici surtout des femmes, des femmes de tout rang : mieux : la Femme, qui joue dans l'œuvre de Guys un rôle capital, rôle qu'Armand Dayot, écrivant la préface du catalogue de l'exposition dernière, a si joliment défini :

« Il l'aima traversant triomphante et superbe, la foule qui s'écarte, avec une « sorte de religieuse admiration, sur son passage, puis, instinctivement, marche « sur la trace de ses pas comme dans un sillage de lumière et de parfums.

« Il l'aima heureuse et adulée, traversant l'ombre verte des allées, mince et « souple dans sa longue amazone, rieuse et ensorceleuse comme le soleil de mai, « dont les rayons brillantsse jouent dans ses cheveux à travers l'écran des feuilles.

« Mais il l'aima aussi, et avec plus de ferveur encore, plus de fièvre, dirons- « nous, dans le cadre ordinaire de sa basse déchéance morale et physique... »

Et ces aquarelles, ces dessins sont tous, ou presque tous, d'une exceptionnelle qualité, complets, significatifs.

L'aubaine est peu commune, et le sera de moins en moins.

Sans doute, on connaît un bon nombre de ces feuillets de Guys, anonymes, et portant pour toute marque d'authenticité l'empreinte de l'un des tempéraments les plus originaux qui furent jamais. Mais une grande partie de la production de l'artiste a disparu, les croquis, notamment ceux qu'il envoyait à Londres, et qui, considérés comme de vils matériaux, utilisables, gâchables, « au gré d'un cuistre ou d'un maçon », étaient dédaigneusement jetés au panier ou au feu ; et de ce qui subsiste, presque toutes les choses vraiment belles sont aujourd'hui cataloguées, et achèvent de se caser. Et nous voilà arrivés à l'époque qu'en 1864 entrevoyait Baudelaire, où les dessins de Constantin Guys deviendraient « les archives précieuses de la vie civilisée » et où ses œuvres seraient recherchées et prisées — et payées, ajouterai-je, — autant que les plus beaux dessins du XVIIIe siècle, que les œuvres les plus délicates des Debucourt, des Saint-Aubin, des Moreau. ?

Il aura fallu quarante ans pour que cette prophétie commençât de se réaliser.

GUSTAVE BABIN.

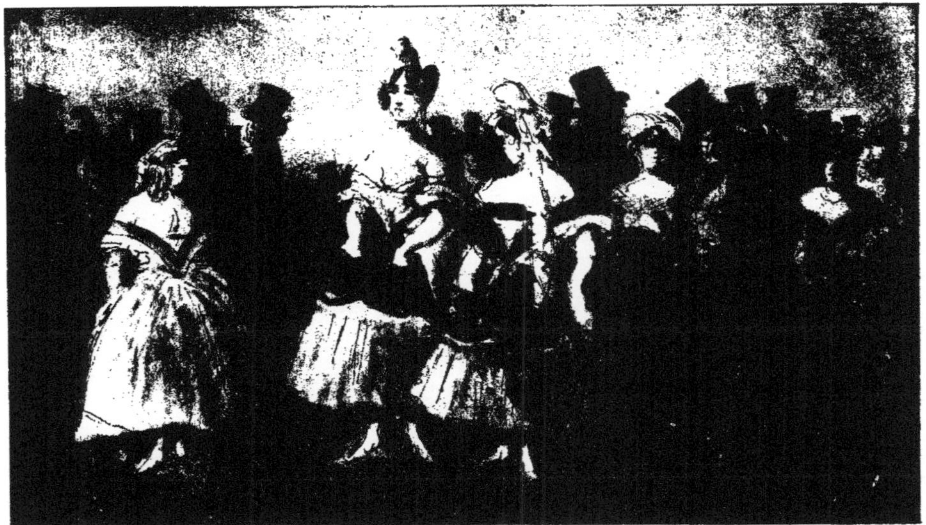

N° 48. — Le Défilé.

Désignation

1 — La Conversation, sépia.
2 — Au Bois.
3 — L'Entr'acte, aquarelle.
4 — La Loge jaune, aquarelle.
5 — Le Tablier gorge-de-pigeon, aquarelle.
6 — Thérésa, aquarelle.
7 — Au Cabaret, sépia.
8 — La Belle de Gallipoli, dessin rehaussé.
9 — Une heure d'ennui, aquarelle.
10 — Méridionna, aquarelle.
11 — L'arrivée de lord Ponsonby à Alexandrie.
12 — Le Phaéton, aquarelle.
13 — Aux Bouffes, aquarelle.
14 — La Loge de l'Impératrice à l'Opéra, aquarelle.
15 — La Chevauchée, dessin.
16 — Le Divan rouge, aquarelle.
17 — Trio de barrière, dessin.
18 — « Alla porta Capuana », dessin.
19 — Une Péripatéticienne, dessin.
20 — Le Cabaret italien, dessin.
21 — La Rencontre, dessin.
22 — Un bout de promenade, dessin.
23 — L'Heure des visites, dessin.
24 — Le Coupé, dessin.
25 — Au trot, dessin.
26 — L'allée de la Porte Maillot, dessin.
27 — « On a sa calèche ! » dessin.
28 — Promenade, dessin.
29 — L'Invite, dessin.
30 — L'Attente, dessin.
31 — Flânerie au bois, dessin rehaussé.
32 — Un bon accueil, aquarelle.
33 — Au seuil du bal, aquarelle.
34 — Un pas, aquarelle.

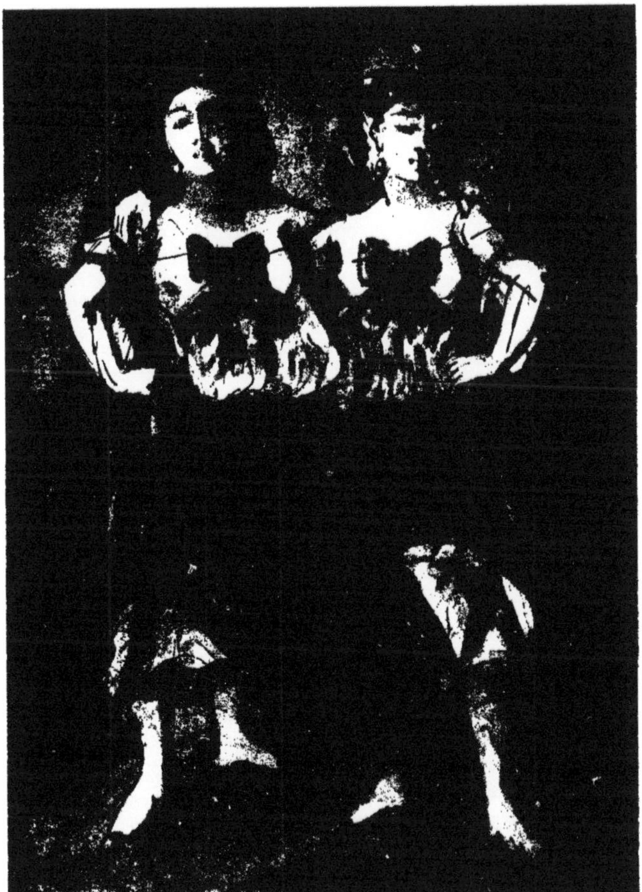

N° 52. — Les deux Amies.

35 — La Femme au manchon, aquarelle.
36 — La Robe de grenadine, aquarelle.
37 — Entre elles, aquarelle.
38 — Les Pourparlers, aquarelle.
39 — La Tentation, aquarelle.
40 — Au Café, aquarelle.
41 — La Valse, aquarelle.
42 — Vision d'Orient, aquarelle.
43 — L'Equipage de gala, aquarelle.
44 — Au Bois, aquarelle.
45 — Les Balcons, dessin.
46 — Dédaigneuse, dessin.
47 — Le Coucou, dessin.
48 — Le Défilé, dessin.
49 — Deux doigts de cour, dessin.
50 — A la sortie des Italiens, aquarelle.
51 — Mars et Vénus, aquarelle.
52 — Les Deux Amies, aquarelle.
53 — La sortie du bal.
54 — En soirée, aquarelle.
55 — Le Manchon de loutre, aquarelle.
56 — Le Sourire, dessin.
57 — Etude de femme, dessin.
58 — Au bal travesti, dessin.
59 — La Femme aux bracelets, aquarelle.
60 — La Blonde, aquarelle.
61 — Le Tabouret, aquarelle.
62 — Une Brune.
63 — Les Élégantes, aquarelle.
64 — Le Tablier bleu, aquarelle.
65 — En falbalas, aquarelle.
66 — La Femme à la rose, aquarelle.
67 — La Fanchon, aquarelle.
68 — « En place pour le quadrille ! » aquarelle
69 — La bonne Hôtesse, aquarelle.
70 — A Mabille, dessin.
71 — Celle qui rêve, aquarelle.
27 — Le Tablier jaune, aquarelle.
73 — Le Dernier potin.
74 — La Sauterie en famille.
75 — Travaux d'approche.
76 — La Mulâtresse, aquarelle.
77 — Le Panache.
78 — Au Cirque olympique.
79 — Officier supérieur.
80 — Au pas.

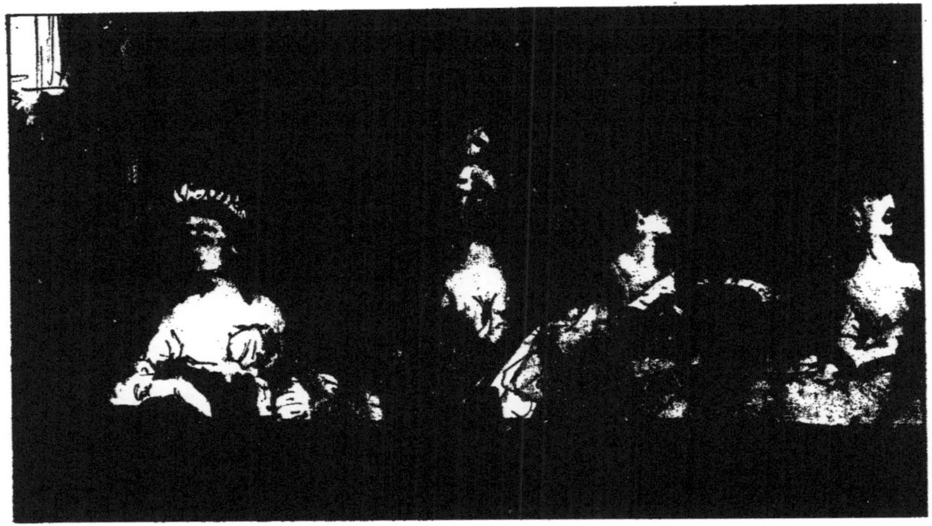

N° 14. La loge de l'Impératrice.

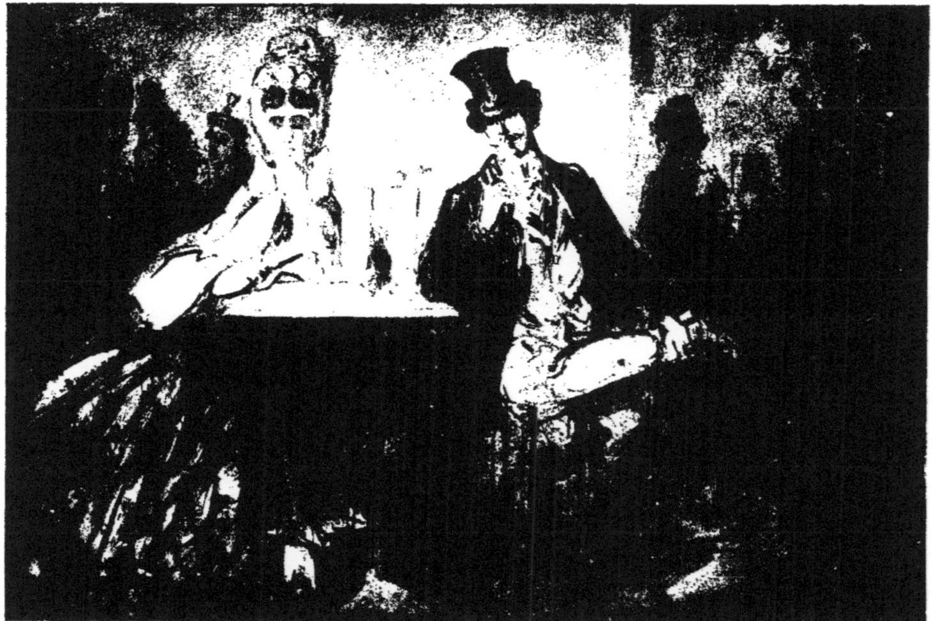

N° 33. Au seuil du Bal

Vente Gu... [illegible]

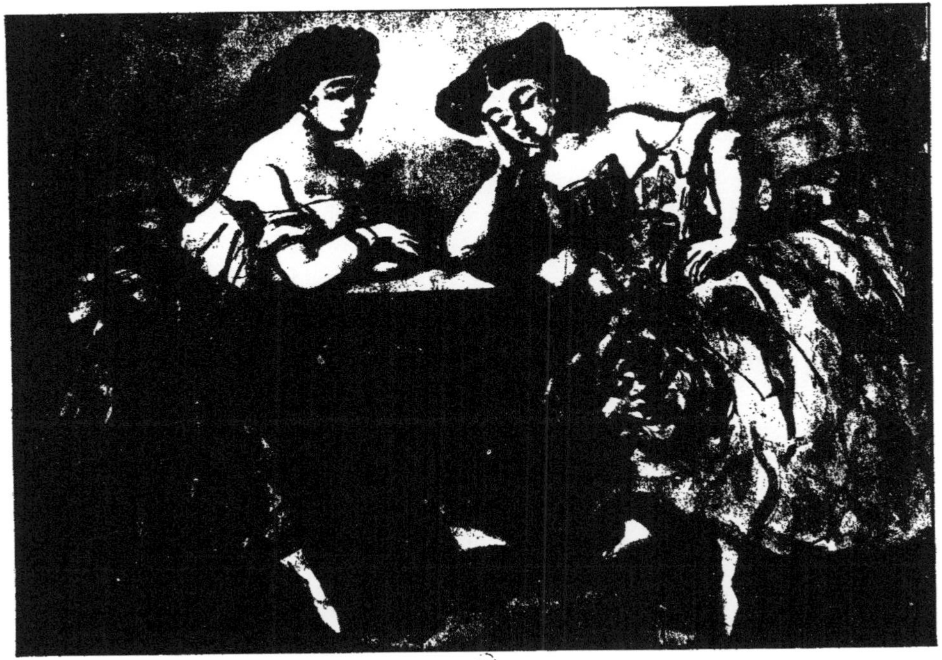

N° 7. Au Cabaret.

www.ingramcontent.com/pod-product-compliance
Ingram Content Group UK Ltd.
Pitfield, Milton Keynes, MK11 3LW, UK
UKHW032030260826
14628UKWH00006B/2844